www.raiphsblob.weebly.com

Whit Cin Go Rang?

@raiphsays

Dedication

Tae aw a maist maizin people at I no oan twittar. I cannae poot aw a nems acos at wid be to minne, bit fank you aw help me!

Acknowledgements

Speshal fanks tae my edditer, P.M. Leckie. She block me oan twittar noo an I no no why. Fanks awso tae Eiji, Wee Vinny and Kurt — my pals!

Author Note

You prolly get youst tae me wen you reed is book bit if you stuck wae enyfing, jus com ask me aboot it oan twittar and I help you. Aw a livetweet hings is bess red oot lowd tae mek you famly laff!

Foreword
By P.M. Leckie, author of Stumbledirt

When I was first asked to edit Raiph's book, I confess that I was tempted to decline the offer. His English is appalling, even for a boy of tenteen-years-old who's suffering from the Ebola virus.
Then I thought, "Oh what the hell, what can go wrong?"
Well several things actually.
I've lost the ability to spell with any degree of accuracy and my brain is now filled with what I believe is known as *Raiphspeak*. So I urge you to read this book at your peril. You, like me, might never fully recover from the experience.
Fanks.

Hallo Fae Me

I prolly shud stert by tellin ye a wee bit aboot masel. My nem
Raiph MacGregor an I fae Scotland. I wis born in Glesga bit I noo
stay in a wee villish neer Kirky. I tenteen-yeers-auld and wen I
no it skool, wish is neely evy day acos I huv a Ebola viras, I
runnin my ane erline, Flyraiph.

Aw a plains is med oot a cerdboard. At fust, day wis aways
getting aw wet and I hud tae dry em aff wae a herdryar, bit I noo
hus cuvvart em in clingfulm and at sev time in a mawnin.

If you no no aboot aivyayshun, I tell you sum hings aboot a
plains. Day hus a lastic band it a bak and you wine it up an en
you reely good tae go. Maist oor fleet is a Haimbase 210 — acos
day med oot a haimbase boxis. Day tek aboot ate passanjers an
hus a tap speed a free mile a oor, croosin altitood a 5 feets. Oor
bes plain is a Erfarce Wan bit we no yous it mush acos it no cerry
so minne peeple.

Flyraiph wan a cheepess erlines in a wurld. A return flite, Kirky tae Stepps, is oany 73p munny *an* you get a free custart creem biscit. Bisness class passanjers oan a sem flite pay 5 poun munny. Dae get a free drink oot my da's drink cabinat, a seet neckst tae a wheely bin —ats a zecutive lunge— a burbin biscit, an a lucksherry a yousin a on bord lavvy — wish is reely jus a bukkit wae a curtin roon it. Er wisnae aways a curtin… bit sum a mer sensatif passanjers camplaint.

I no oany run a erline, I is awso a pielet. My bess pal, Wee Vinny, is wan a cabin croo and my uvvar pal, Kurt, acos he hus hees ane rubbar gluvs, dae aw a sacyouratty hings.

"Fassen you seetbelts!!"

My uvvar pashin, apart fae plains, is innernet saifatty. You prolly no is awreddy bit a clikin a links oan a innernet is a nummar wan cos a ayelid loss in a hale world. Durty ladys sen links oan fessbewk and twittar, you clik a links and you ayelids faw aff! And I no been secksist. Sevan oot a sicks durty ladys is acshully men an ats a fackt!

A fusrt evar link wis sent in a lettar tae Kween Vaktoria. To days efter at, hur husban, Billy Connaly, die in a bizar lavvy-relaitit insident.

Maggot Fatcher, an hur oany sun, Davit Camron, sen links aw a time, bit a guvverment cuvvar it up. Durin a secon wurl war, maist links cem froo a ciminar screens. Efter at it wis a telly an en micrawaiv uvvans. Noo, acors, dae com froo a innernet, so aways fink afor you clik a link!

My campane, #noclikalinks, hus saivt a ayelids a hunnars a peeple.

"If you gonny clik a link!
Tek som time an huv a littal fink.
A durty lady gonny scam you!
#noclikalinks is whit tae do."

Bit ats enuff aboot me an my cheevmints. I jus lik a wee Rishard Branson-Pickle reely, sept I aw nise and no hus eny munny. Is book is jus tae sher aw livetweets I dae, maistly fae hawalleen froo tae chrismas. I aways huv so mush fun reedin aw a tweets I get efter a livetweets. Peeples huv a wee laff an at mek me happy. So I no gonny say mush else uvvar an I reely hop you joy reedin em and mibbe you com oan twittar an say hallo tae me. I say hallo rite bak!

"If you is a egg, en I no can folly you!
You prolly nise, ats whit I fink!
An you no wurse an a durty lady,
ats goat nae claes
an sens a link!"

A Skool Nativerty — Or Wer a Rest a Baby Jeesis
(December 2012)

Aw a peeples at no me no I in a skool nativerty play aday. Bit I sided tae tweet aw at happenened cos I no cood get tikkets for aw my twitter pals. A cais you miss it, heer what happenened…

wee no lowd voys ats me in a sembly hall noo. Sumbday loss a baby Jeesis's erm. Mairy aw greetinin an peed hersel :-/ Jofes nae help…

#Nativerty I pooted a spidar oan a stik sted of a star. Hop naebuddy nottiss til it to lait. Ha ha… folly yonder spider… ha ha :D

#Nativerty Wan of a sheperds try tae tell a teecher but I tell him I no wer he livs. He no sayinin nuffin noo… ha ha

#Nativerty Nae peeples hus membered a song wurds… Ony a teecher is singinin… we aw juss mumblin an aw a mammys an daddys laff :D

#Nativerty I neely faw aff a staje laffin. Mairy frow a baby Jeesis at a spidar! Ha ha ha ha!!!

#Nativerty Ats me loss a portant joab beein a star. I no wurryed boot at. At wis a stoopid joab. Baby Jeesis bak in bed wae nae erms

#Nativerty He ony goat wan leg an aw but mibbe peeples no nottiss unnar hees dress. I poke a grumpy sheep wae hees leg. She no happy

#Nativerty At sheperd trip oan hees dress an faw aff a bak of a staje. I staun in frunt so he no can get bak up agen. Ha ha ha! :D

#Nativerty A teecher dae at fing tae me wen she poynt at me en at hur ayes. :C I dae at "I no dae nuffin" fais…

#Nativerty I fink at teecher try tae get me aff a staje so I moov tae a middel bit. Baby Jeesis no look well at aw…

#Nativerty I tel a free kings it aw chainj an day huv tae dans gangnaman styl… ha ha… day look wurryed…

#Nativerty ha ha ha!!! Day dae at dans!! A teecher goin mental! Ha ha ha :D

#Nativerty I juss nottiss a baby jeesis noo goat nae erms… wan leg… an wan aye… ha ha ha hees aye faw oot an roll aboot a staje!

#Nativerty Jofes staun oan a baby Jeesis's aye! Ha ha ha… he faw in tae a frunt row!!

#Nativerty Ha ha ha Mairy, Jofes, a sheperds, aw a kings an at grumpy sheep is aw greetin!! Ony me an a uvver kwyer peeples is ok!

#Nativerty Nuffin cin saiv baby Jeesis noo… he faw oot hees bed an hees heid roll undar da peeaano!!

#Nativerty We singinin a lass song. Nae peeples can heer it... Mairy try tae ficks baby Jeesis but he juss a body an a leg in a dress noo

#Nativerty Ats a nativerty aw finash!! I hop you like it :) I gonny run way afor a teecher get me!! Me an whit left a baby Jeesis!

Dear Santa
plees I get:
Lego
Slekshin Boax
Boeing 747
eny kine a Plain
* nb I no wont claes, Awrite?
Tank you Ralph
xxx

"Stokkin up oan a chrismas Ritalin"

Heer We Go a Vomittin
(December 2012)

Aday I go'd oot carralin... heers whit happenened...

#AChrissmasscaral Ats me way oot carralin. Ers fiyev us gon. Wis ment tae be sicks but Fergus goat at vomittin viras so he no lowd tae go :(

#AChrissmasscaral Ats us it a furst door. A lady no look happy at aw bit we still singinin away! Joy tae a wurld!! :D

#AChrissmasscaral At lady muss a assidently let hur dogs oot so we cut at song short an is aw runninin doon a street! I fink we loas sumbday

#AChrissmasscaral At a neckst door. Ers ony for us noo. We loas a bess singerer but we juss aw needa sing a bit lowder! Hark a herrald! :D

#AChrissmasscaral I gon see if Wee Vinny kin stil sing wen I poot at lamp rite neckst tae hees heid... Ha ha ha!!

#AChrissmasscaral How I assposed tae no hees hat wis flamallable? :(Ats Vinny away hame. We doon tae free carralers noo. Ony wan no a wurds

#AChrissmasscaral I juss maikin a wurds up is I go alang. Away in a mangy! Nae crisps or a bed! A little lord Jeesis lay doon his street cred!

#AChrissmasscaral At lady mussa like us! We get a poun eech an a choys a sweety fae a kwalitty street! Ers a fite ower a green wan bit I wins

#AChrissmasscaral A neckst hoose a big wan. We aw go up a paff tae sing. Evan we is lowd, nae peeples opan a door SIYLENT NITE!! HOALY NITE!

#AChrissmasscaral We peltit aw a windaes wae snawbaws. Mibbe day heer us noo! D: ats mer peeples wae dugs!! We aw runnin in diffent drekshins!

#AChrissmasscaral Wan em dugs his ran aff wae at lamp oan a stick. I gettin a blaim for frowin it. It neely eeted me! A free us aw a mood noo

#AChrissmasscaral We doon tae too noo cos me an at uvver wan hid a big fite ower at lamp. It no wis my folt! :(Arrest ye Merry Jentalmen!

#AChrissmasscaral A chrismas mirakel! We bak up tae free!! Fergus his scaped oot hees hoose tae go roon wae us! He look a bit green vo...

#AChrissmasscaral A auld man gee us fivety pens eech! He look aw happy... en Fergus a wee bit sick on hees shoo an he look a bit noyed...

#AChrissmasscaral It gon fae bad tae wurs. A lady opan a door an Fergus juss sick on hur mat. We no get tae sing a singal wurd :(

#AChrissmasscaral Poot Fergus it a back. Bad idear. He sick aw doon a uvver boys coat so ats him way hame. Jus me an Fergus noo. Rejoys! :(

#AChrissmasscaral We no so mush carralin noo. Peeples jus opan a door an Fergus sick in er hoose. It no very cheerfoo :(

#AChrissmasscaral Spendit aw a carralin munny tae get sweetys at stoap ye been sick. Day no wurk. Fergus way hame noo so it juss me :(

#AChrissmasscaral I juss go hame noo… Bit I fown at lamp oan a stik Vo! At dug muss a drapt it! Merry chrismas peeples!! :D

"I luv Wan Drekshin!"

Whit a Pantomine
(December 2012)

A noo boy moov in and hees famly taik me tae a pantomine! :D…
nuffin can go rang…

#pantomine I been up aw ajes tae be reddy for a panto. I no no
kurts mammy gon by aw a sweetys so I got fivety pens munny.

#pantomine A wever aw bad but I fone kurts hoose. We stil gon
a pantomine cos day goat a car! :D

#pantomine Ats em com roon in a car for me so I in a bak wae
kurt. He werrin a hobbiral jumpar but I no say nuffin boot it :)

#pantomine Kurts goat sweetys hees mammy maid. Day rok
hard an look lik marbels. He gee me a paket of em :/

#pantomine I show him I goat fivety pens munny for sweetys.
At okward momen wen he fot I wis geein him a munny. He aw
happy :(

#pantomine We at a feerter. Aw a peeples is dress up an fansy
but we a bess peeple. For seets in a frunt row is ASERVED for
us!! :D

#pantomine See I poot oot my haun? I can tuch a staje. Me an
kurt keep daein at an hees daddy laff :D Hees mammy shaik hur
hed so kurt stoap

#pantomine It aw startit!! A Widowit Wanky play by a man! Ha ha shees claes is hobbiral an kurt laff! Ha ha Hees jumpar wurs…

#pantomine Kurt dae at laffin ats aw lowd so I dae a laff ats lowdar… he no a boss a me!

#pantomine You no gess! Alladinin is a gurl bit we no asposed tae nottis. Hees goat a jeenie in Lamp! PUFF! He juss appeer!! :D

#pantomine A man aff a telly is a Sultin! Aw a peeples go lik ssssssssss wen day see him! He faymus! He aff a telly!! Bit day no like him :(

#pantomine I no cin aleeve a mannars a sum peeples. Ats a faymus guy AFF A TELLY!! I shoosh em aw an dae a angry fais. :(

#pantomine See kurts daddy? He mibbe no no at guys faymus (an aff a telly) wen he dae at sssssss I frow wan em hard sweetys at hees heid :)

#pantomine Ha ha! Kurt fink ats funny! Noo he frowin em sweetys an aw! He no a bad aim…

#pantomine I in a stait a shok… Kurt his frowed aw hees sweetys on a staje. A Widowit Wanky an Alladinin faw intae a seenery. D:

#pantomine Kurt's mammy is tryinin tae haud him intae hees cher bit he frowed a uvver sweety! At man aff a telly no happy at aw…

#pantomine I nae help geein Kurt mer sweetys… He gon mad frowin em aw ower a plais… I lookin at him aw like it noyed me bit it no :)

#pantomine At man aff a telly neer nuff huvin a fit! Kurt get him rite in a aye wae a sweety! ha ha… ats no a kine a langwish fur a staje

#pantomine I no fink em wurds is in a scrip… Kurts mammy neely sittinin oan him noo. I gee a wee sad look tae hur an shaik my heid…

#pantomine A show muss go oan! At man aff a telly aw cam doon bit noo I dae at ssss wae aw a peeples cos he say aw em bad wurds. ssssssss

#pantomine Kurt his goat way fae hees mammy!! He aw runnin aboot! A peeples oan a staje look nervus an I no blaim em…

#pantomine Sacyurity hus goat Kurt on a groon… Hees mammy aw greetin and hees daddy look noyed… A peeple oan staje just keep oan wae a show

#pantomine Dae day no see whit happan tae Kurt?? A peeple oan a staje is noo frowin sweetys! SACYURITY!!

#pantomine Sacyurity bisy so it doon tae me! I go oan a staje an grab aw a sweetys! At man aff a telly loss it agen D: He no profeshnal at aw

#pantomine Ers me try tae help an at Widowit Wanky an a telly man frow me aff a staje! Alladinin aw greetin. Sumbday showt "rub yer lamp" :C

#pantomine A Jeeny maik a rood fing wae hees fingars. Aw a peeples laff. Evan me! Ha ha a acters liyef fur me :)

#pantomine A man aff a telly wok aff showtin "amatyoors". A jeeny frow a lamp an it wak aff hees heid. ha ha ha! At get a big roon aplaws! :D

#pantomine I gon be a acter wan day. At wis brillant! A kurtan is doon so I bettar fine Kurt an hees mammy an daddy! layters peeples! :D

"Is picsher daservs enless retweets!"

A Nite Afor Chrismas
(December 2012)

Wis a nite afore chrismas an aw froo a hoose
no a fing wis wokin, no even a moose

A soaks wis aw hinged by a chimnae oanyways
In a hoap at Sane Knickerless no fill em wae claes;

I aspose tae be sleepin aw tuck up in bed

Wae dreems a aw 'pyuter gaims gon roon my hed.
And da in hees cher, a drink in hees lap
Hid jus aw pass oot tae taik a wee nap,

Wen oot oan a grass er caim a big noys!
I jump fae a bed cais it em cheeky boys!
Way tae a windae I flewd lik a flash!,
Opan a curtins an bang oan a glass!

A moon oan a grun oan tap of a snaw
Gee a lite aw lik day tae aw fings doon bellaw,
En whit tae my aw mazed wee ayes dae apeer

A wee toaty slay and ate toaty raindeer :)

Wae a wee toaty drivar aw fass an aw kwik
I no in a minit..at muss be Sane knick!
Fasser an eegals hees raindeer aw caim
An he wissal an showt at em aw by er naim!

"Noo, BASHAR! noo, DANSAR! noo, CHANSAR an FIXEN!
On, COMAT! on CURRYS! on, DODDAR an KITCHIN!
Tae a tap of at porsh! tae a tap of at waw!
Noo dash way! dash way! dash way aw!"

As umbrellas at cach in a wind day aw fly,
Wen day aw blaw aboot an go up tae a sky,
So up tae a tap of da hoose day aw floo,
Wae a slay fool a toys an Sane Knickerless to.

An en in a minit I heer oan a roof
A tappin and scraipin a eech toaty hoof
I showtit at da bit he prolly drunk
En oot of a chimnae er caim a big CLUNK!

He wis aw dress in fur fae hees heid tae hees foot,

An hees claes wis aw boggin an cuvart in soot!
A bag fool a toys he fling oan a flerr
An mibbe a slekshun box cood be in er! :D

Hees ayes day aw shinee an cheery an merry
Hees fais it aw rid an hees noas lik a cherry!
Hees moof it aw smilin, hees heid lik a baw
An at beerd oan hees chin wis aw wite lik a snaw!

A stubby wee pipe he hud in his teef,
An a smoak aw go up roon hees heid lik a reef;
Hes fais wis aw fat an so wis hees belly
at shaik an aw wobbal juss lik a big jelly.

He aw rownd an cheery, a jolly ol elf
But I wurry at smokin is bad fur hees helf
A wink of hees aye an a nod of hees heid
Maik me wurry less at hee soon mibbe deid

He no say a wurd but juss dae aw hees wurk,
An he fil aw a soaks wile da sleep lik a jurk,
he tap hees wee fingar a side of hees noas,
An wae a wee nod up a chimnae he goas!

He jump in hees slay an gee oot a wissal
An way day aw flyed lik at stuff aff a fissal!
But I heer him showt oot as hees aye it aw winks
"HAPPY CHRISMAS TAE AW, AN NO CLIK A LINKS!"

Minibeests
(September 2013)

Hallo aw a peeples! Aday I live tweetit my day at skool. Joy a joys a teecher say she bringin in a mini beests. I luv beestys so I get mysel in er... I meen, whit cin go rang?

Heer whit happen...

#minibeests Skool bag aw packt! You can nevar huv enuf minibeests in a class... so bringinin a fyoo my ane. A hoos spidar, cuppal a wurms an a wasp. :)

#minibeests Wee Vinny hus teckstit. He bringin som minibeests an aw... shood no be a prolem as he goat heid lise. :) teecher gon be so happy!

#minibeests I hus foun is big skerry beetal! Bringin it alang an aw... jus ootside a froot shoap an aw a cullars of a renbow! :D

#minibeests Er a big turn oot in skool aday for a fursday. Aw doon tae a minibeests. Naebuddy yously bovver. It neer a weeken, no? Playgroon packt!

#minibeests Kwik straw pole of a classmaits an it seem we aw huv a sem idear. We aw huv brung in minibeests sept a lassy at brung a cat. It no happy.

#minibeests I no no how he manaj bit wee Vinny hus turnt up wae a hale jar a flys. I no seen him is pleest sins he saw wee Fergus pee heesel.

#minibeests We hedin intae class aw buzzin… wae citement a cors, but maistly wae flys :D turn oot the lassys cat his flees so at cownt!

#minibeests Nevar I see enyfing like it! We aw sittin, smilin, an aw faisin a frunt waitin fur a teecher. It lik wen ye see skool oan telly

#minibeests Wee Vinny is sherrin hees heid lise wae aw a peeple sittin necks tae him. Ers a reel spirat a camaradarary in a class aday :D

#minibeests At cat hus dun a toylet in a cornar of a room. wee Vinny is laffin as it nomally him at dae at. Ers a reely hobbiral smel noo

#minibeests I no can wate!! Wer a teecher? So I huv a plan… we aw get oot oor minibeests an see whoos is a bess!! :D cors I no my beetal is… :)

#minibeests Wae a benafat a hinesite… av hud bettar idears. Ers flys evywer. Hale class is crollin wae spidars. At wasp I brung is mental

#minibeests Wee Fergus so clevar! He say my beetal no a beetal at aw!! It a Japanese hornat an it aw flyin aboot! :D why evybuddy screemin?

#minibeests A teechers fais lik a cullar a mulk. She wok in a class wae a transhala in a jar, see a kaos an drap it. Ers weans oan desks noo

#minibeests A littal non fack… sum peeples is lergic tae wasp stings. Wee Fergus' heid to times it nomal size… a teecher his faintit

#minibeests My tempt tae help a teecher has bakfiyart. I fling irn bru oan hur tae bring hur roon. She cuvart in flys, wasps… an a hornat :/

#minibeests We is aw oot in a playgroon. Ers to ambalanses an a crak teem fae a enviramentil helf. I is lookin aboot sayin "it no my folt!"

#minibeests I ask a man tae get me my hornat back. He say naw!!! Ats genst my sival libartys!!! 'Sake

#minibeests We aw lookin in a windaes at a men tryin tae catsh a minibeests. It no happanin… I fink is gon be a shoart day… yas!!!!

#minibeests A hed teecher hus tel us aw tae go haim! She awso ask me if I evar heer of haim educayshun. Weerd…

#minibeests Well fank you sher my mawnin peeples! A cors, I fine a way tae get my hornat bak. No you wurry!! Laytars!

Folly me oan twittar @raiphsays! I folly back less you a egg or a durty lady!!!

cyberGnat @raiphsays

A Trip Tae A Mooseam
(September 2013)

Aday wis a skool trip tae a mooseam. I wis so cited I fot I sher it way my twittar pals! A luvvy culsharal speerians… whit cood go rang? Heer whit happen…

#mooseam I is ovussly a teechers favit. We go oan a bus an she say I tae sit necks tae hur! :D

#mooseam Aw a peeples is tae go roon a mooseam in pers. we goat a wee sheet tae fil oot. My partnar a teecher!! :D she mus fink I smart

#mooseam A teecher say if I cos eny trubbal she goat my da's nummar oan speed diel… I say, so's a polis! Ha ha ha. She no laff.

#mooseam Up a ster in a mooseam ers aw pichsers a durty ladys. I tel a teecher at prolly dae aw senin links froo a canvas! She jus shoosh me! Huh!

#mooseam Ers awso a statyou of to men resallin wae nae claes oan… a teecher say it art. I say it no very sensabble…

#mooseam Me: you get rested for at noo.
Teecher: shoosh.
Me: seerasly! Nae claes resallin in a #mooseam??
T: I no tel you agen!
Me:… it you ayelids…

#mooseam I see Kurt and hees mammy! I showt but he no heer me so I fling a marbal! :(… how I aspose tae no at man gon staun in frunt a him!

#mooseam A teecher hus pool me by my erm. Ats comman asolt missis!! :(she say "I'll gee you comman asolt!" … no very prafeshanal…

#mooseam In a Eejipt bit noo. It maizin :D I say…if ats a mummy..wers a daddy? Aw a weans laff but a teecher jus look noyed…

#mooseam Who noo mooseam flers wis so grate fur soak slidin! I startit it bit we aw daein it noo! A teacher fit tae be tied bit she no cach aw us!

#mooseam I assadently droap a hale bag a marbals wile aw a class is soak slidin. Wurds can no ascribe a carnaje…

#mooseam Er a tangalt mass a shooless weans… sum greetin… som laffin. I dae my… "I no dae nuffin" fais at a teacher…

#mooseam A teecher is fonin my da. I no wurryed. It him who maik me taik a pee shootar… ha ha.

#mooseam Aprise aprise… my da no ansar. ha ha. He biggar fish tae fry I tel a teecher (I seen him leev wae hees skee mask an he no can skee)

#mooseam I no reely fink it possabal fur a hooman fais tae be so rid. Bit a teecher look a cullar of a tamata. I pat hur erm aw nise like :)

#mooseam Bak oan a bus. Hukkaled… aye HUKKALED by a mooseam sacyuratty. If day no want peeples tae tuch aw a stuff en no huv it sittin aboot? 'Sake

#mooseam I waiv tae kurt fae a bus. "Kery oan a kayoss Kurt! Veev la revalushan!" he showt "Ya comrad!" (he German). A teecher pool me bak :(

#mooseam I fot I wis in trubbal… bit a teecher say, "You taik a wee hauf day, Raiph. You wurk to hard." I is so asprised! fanks miss! :D

#mooseam Fank you fur sherin my trip tae a mooseam peeples! I go haim no see if my da bak fae a bank. :) You no seen me, rite? laytars!

"Davit Camron a bad man. Aw a peeples no at."

Hawalleen Disco
(October 2013)

#hawalleen It a skool disco aday and I gon be live tweetin it. It no reely gon be inarestin, I Meen… whit can go rang?

#hawalleen I get tae skool wae Kurt, werrin hees bess jumpar cos he my gest, an a teecher say I no gettin in! Kurt aw greetin so she gee in

#hawalleen Short notis so I a bampire agen. Kurt a skerryes evar hawalleen idear… he Davit Camron! I faw aboot laffin but naebuddy els no who at is.

#hawalleen A lassys hus aw been up a Asda so maist hus a saim dress oan. Ers a loat a h8 cos of is. Maist a boys is bampires an I no ker!

#hawalleen Ower tae a sweetys tabal. No bad bit ye no can help yousel. You gets a tiket at titles you tae a sweety, crusps an joos. 'Sake :(

#hawalleen My favit Wan Drekshin song com oan an I so cited!!!! Bit a lassy at likes me seen me so I hidin unnar a sweetys tabal.

#hawalleen Wee Vinny is a zomby Mikal Jacksin. I wish I fot of at!! He dansin aboot an moon wokin an evyfing. Been a bampire suck :[

#hawalleen Kurt, in hees gise a Davit Camron, is takin aw a sweety tikets affa peeple. Ha ha jeenyus! He say day oany for hard wurkin weans

#hawalleen For wans, Fergus neely goat my raspect. I fot he wis twerkin but turn oot wee Vinny drap a maggat doon a bak hees troosers

#hawalleen A teecher hus telt "Davit Camron" tae gee aw a sweety tikets bak. In troo Tory form he say "I endin a sumfin fur nuffin culsher!"

#hawalleen Turn oot a teecher a soshalist. "Davit Camron" tae sit oot a necks dans wae hees fais tae a waw! Zomby mikal jaksin gon mental.

#hawalleen Fae my vantij poynt unnar a sweetys tabal I hus foon a boax wer a sweety tikets go… yas!!! It no tek me lang tae beet a sistam!

#hawalleen "Davit Camron" hus fretened me wae a charj of sweety tiket frod. (Kurt takin hees rol to seeryas…)

#hawalleen I ramine Kurt we oan a saim teem, so aff tae a sweety tabal wae a tikets. Wae so meny bampires, naebuddy notis I keep comin bak!

#hawalleen Me, Kurt and wee Vinny hus kleent oot a sweety tabal. Naebuddy nottis yit. A res a skool to bisy twerkin tae a majik roonaboot

#hawalleen A teecher hus turn a moosic aff an ban twerkin. Maist a clas lookt stoopit enyway an sum fartit fur laffs. Nae dignatty!

#hawalleen Kurt hus forgoat hees Davit Camron an is staunin up for a twerkers! "Comrads!" He say "you huv a rite tae twerk!"

#hawalleen In a spirat a solidaratty, I'm wae Kurt in empowerin a twerkforce! We singin a red flag song an encurrajin a weans tae twerk! Yas!

#hawalleen A glorryass day comrads! A teecher hus been defeetit by a majoratty an a weans aw twerkin an fartin lik mad!! I so happy :D

#hawalleen We oan tap up a wurld! We aw gettin gratulatit by a twerkers… en wan nottis we goat aw a sweetys affa sweety tabal…

#hawalleen I try tae splain ats how maist guvarments wurk but a twerkers huvin nane of it… we backt intae a cornar! Is is a revalushan!!

#hawalleen Teecher gee a look at say "oh noo you need my help" I hus sold oot tae a man! I sept a teechers help tae get me way fae a mob :(

#hawalleen A hale skool twerkin egen wile geein me, Kurt an Vinny a eval aye, I no noo wit dae meen by powar carrupts. A teecher aw smug :(

#hawalleen I jus finkin tae go haim wen wee Vinny (zomby mikal jaksin) fro a stink bomb oan tae a dans fler :D a twerkers aw coffin!

#hawalleen We hus been froan oot. Kurt say he no how Gorbachoff mussa felt but I no hud enuff sweetys tae no whit he meen. :(

#hawalleen Kurt goat a good cureer in polatiks ahed of him. He steel sum a sweetys for us!! I nevar fot I be gratefoo tae Davit Camron!

#hawalleen Wel I hop you joy a hawalleen disco! I aff tae play som fitba! Laytars peeples!

"Subvertin a Kweens English sins nineteen-tenteen."

Chrismass Carallin — A Coshinarry Tail
(December 2013)

#carallin Me, Kurt an wee Vinny is gon roon a doars singinin an clectin munny fur peeples wae nae AYELIDS!

#carallin Me an Kurt waitin fur wee Vinny. He say hees mammy gee him hees chrismas presant erly an he bringin it. Wunnar wit it is :)

#carallin Wee Vinny's presant turn oot tae be a biggas dug we evar seen. It a massav big skerry fing ats dragging Vinny doon a street D:

#carallin Hees mammy mus a goat it in a hame fur crinimally insain dugs! It gon mental all aw barkin an Vinny no can cantrol it!

#carallin We go tae a furst doar. A wummin opan it an we no get tae sing a noat. Vinny's dug drag him intae a wummins hoose :(

#carallin Me an Kurt staunin ootside mumblin "Wee Free Kings". Naebuddy cin heer us fae aw a crashin an barkin fae a hoose

#carallin At wummin chais oot Vinny an hees dug. At a necks hoose. A doar opan an a dug jus drag a free us doon a street

#carallin Wee Vinny hauds a dugs leed, I haud wee Vinny's scerf an Kurt goat a haud a my trooser leg. We aw gettin dragt aboot! Halp! Slayride

#carallin We showt a kwik rendishan of "Bark a Herald" as we dragt past wee Fergus's hoose. He ster oot hees windae aw shokt!

#carallin Fank goad! A dug stop fur a pee an we free oorsels. We aw a mess an huv oany to shoos atween a free of us. O holey nite!

#carallin A wummin hus frettened tae fone a polis if we no get aff hur doarstep. A dug dae a big poo in hur gerdain afor we aw run away!

#carallin Wee Vinny serassly mental. He still luv hees dug an he gon col it Loosy efter hees granny. It look mer lik a loosyfur tae me…

#carallin Evar hud tae prise free cats oot a dugs moof? It no eesy. We aw scratchis. Cats kin be reely ungratefoo :(ding dong merally

#carallin We chap a necks doar. Vinny haudin at dugs moof shut wile we showt oot "In a Bleek Midwintar"

#carallin It aw goin so well tae a auld man haud oot a boax a kwallaty street. A dug neely hud hees erm aff an nane us goat a sweety

#carallin Dragt past a necks free hooses beltin oot "I Saw Free Ships". Peeples aw jus sterrin at us an lockin a doars :(

#carallin Atween is street an a lass wan, wee Vinny hus loast hees troosers and we doon tae wan shoo atween a free of us. Rejoys :(

#carallin If er sush a fing as luk we no huv eny of it. It rainin noo an a dug his goat a oany shoo an is eetin it :(

#carallin We aw soakt an miserabal staunin ootside a pub singinin "We Wish You a Merry Chrismas" we no soun sinseer. :(

#carallin Sumbday gee us a poun munny, but a dug eet it. Wee Vinny, nae troosers or shoos, tokin tae it like it a baby…

#carallin Kurts mammy com an drag him hame. I fink I noo no a cuppal a German swer wurds. Oh Tanninbum!

#carallin A drunk man gee us munny an Vinny by chips fur the dug wae it. We staunin wotchin it eet a loat. Paipar an aw. :(

#carallin Collin it a nite. Vinny's dug jus frew up aw a chips an we no feelin very chrismassy noo. Oan a happy noat, Vinny foun hees troosers

#carallin Oan my way tae a hoose an a man gee me to poun munny!! He say fanks fur skerrin aw a cats aff hees gairdain! :D

#carallin I sittin by a fire and stil heer wee Vinny's dug barkin aw frew a streets! Ha ha MERRY CHRISMAS peeples!! Tae aw a goodnite!

"Fone a polis!"

A Nativerty

(December 2013)

#nativerty At time a yeer agen peeples! We aw is waitin ahine a big curtin. A mammys an daddys awreddy look bord rijid!

#nativerty I no lettin at poot me aff! Is a peeples rapublic a my skool vershin of a eggs factar! :D

#nativerty A peyana wummin is playin a furst song. Oany a teechar no a wurds an a weans jus aw mumblin. Naebuddys lissenin oanyway!

#nativerty A lassy ats playin a vergin Mery keep geein me a evil aye. I no dae nuffin! she no zactly tendar an mild! 'Sake

#nativerty She jus aboot tae wok oan a staje an I assidently trip hur up! Ha ha ha she faw froo a curtin!

#nativerty A teechar wis gon fur reelisim. Big mistaik. A baby Jeesis faw oot the bottam of at lassys dress!!!! A saprise aw spoilt…

#nativerty I no can stoap laffin. A baby Jeesis stufft bak up at lassys dress. She aw greetin… Nae wunnar!!

#nativerty Kurt no seen a nativerty afor! I tell him evy time he see a star he tae showt oot "A butlar dae it!" Ha ha! He daein it!

#nativerty A teechar hus goat me by a erm "See you mess is up you spen aw necks yeer faisin a waw!" Eh… So? Cam doon wummin!

#nativerty It my band, a Bad Sheep Boys furst nummar! We is maizin!! Wee Vinny acshully stoap pikkin hees nose fur a hale song!

#nativerty We no hus impresst a muvvar a God. A vergin Mery shekkin hur heed an laffin at us :(Jofes dansin aboot tho!

#nativerty Turn oot Jofes no reely dansin. Hees jus peed heesel an leev a puddal oan a staje! A mammys an daddys aw laffin!

#nativerty My da filmin it aw. He luv at you been fremed! He aways say at in cort. "I been fremed!!"

#nativerty Kurt aw showtin wen a star com doon ower a stabal. Ha ha! Hees mammy aw afrontit! A teechar gon mental!

#nativerty Ha ha!! A baby Jeesis stuk up at lassys dress!! A wummin showtit "Coll a midwife" Ha ha ha a plais in a upror!

#nativerty Baby Jeesis been delivert by scissorian. Froo a sleev hole of a vergin Mery's dress! A miracal of burf! :D

#nativerty It a uvvar song fur us! No as good as a lass wan. Wee Vinny dae a big sneez. Blech. embday goat a hanky?

#nativerty We tae gee a gifts tae Jeesis. I ment tae gee him Vinny cos he a sheep but he cuvart in bogies. No very cheerfoo. :(

#nativerty I no tuchin wee Vinny! A baby Jeesis gonny huv tae mek do wae a copy of a Dandy an a can a irn bru…

#nativerty Nae pun intendit, I is shepardit aff a staje by a teechar!! Hauns aff me! I no my rites!! Da filmin it fur a cort case :)

#nativerty A Bad Sheep boys daein a lass nummar waeoot me :(Lik a beetles waeoot John Lemon. Wan D waeoot Larry!

#nativerty I no is huvin it! I run oan a stage, slip oan a pee an faw rite aff a uvvar side - tekin a peyana wummin wae me. Oh a hoomanatty

#nativerty I lying oan a fler hopin naebuddy notis but a star faw oan me an Kurt aw poyntin an shoutin :(evan a teechar laff

#nativerty It wis ment tae be me who frow a sweetys tae a oddians. Wee Vinny daein it! He no goat a sens tae tek em oot a pakats.

#nativerty A mammys an daddys is showart in sweetys, bogies an prolly a noraviras! A wummin hus been nokt oot by a choklit oranj!

#nativerty A ambalans hus been colld fur at wummin. A kwyer aw mumblin oot "Away in a Manjer" tae a soun of a sirens…

#nativerty A ambalans lites aw flashin an chrismassy lookin! A weans is sterrin an smilin! :D Joy tae a wurld paramedacs! (Hauns affa NHS)

#nativerty Well I hop you joy at peeples! Fank you sherrin my mawnin wae me! MERRY CHRISMAS!!

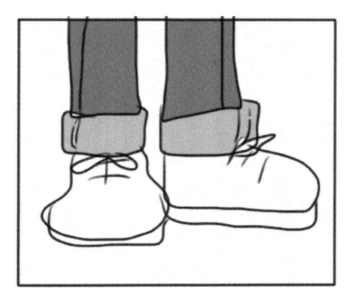

"Well ats a turnip furra boots!"

Seein Santa at a German Merket
(December 2013)

Is mawnin I go see Santa wae Kurt an hees mammy. Heer whit happen…

#merket Ats us heddin aff tae a German merket. Kurt hus a hobbiral jumpar oan but I no saying nuffin cos hees mammy nit it.

#merket We go in Kurts mammy's car. It smell lik a grun cos she sell tattys oot a bak of it in a summar! Maizin

#merket Wurds no can ascribe a merket!!! Aw wee hooses cuvart in wudden decarayshuns an biscits tiet oan ribbans! I aw maized!

#merket Affar a seeryus toylet assident, Kurt no loud tae play wae wee Vinny eny mer. But I hus texstit him tae meet us! It a free wurld

#merket I huv fivety sevan pens munny. Kurts mammy gon pay my tikket tae Santa but how I get wee Vinny in an aw? :(

#merket Wee Vinny hus arrivet an is overdaein it a wee bit wae it been aw by chans. Kurts mammy look saspishus. Cam doon Vinny D:

#merket A kyoo fur Santa free mile lang. Aw weans greetin, boakin, fitin, gaun mental. "Santa kin still see yees" I shoutit.

#merket Kurt is askin fur a hammar an nails fur chrismas. I wurry boot him. I askin for sneks an laddars an Vinny waant Lego.

#merket Kurts mammy oany by to tikkets!! Wee Vinnys fais aw like he no bovvert but he is bovvert cos hees moof aw frowny! :(

#merket Naebuddy is left oot In peeples rapublic of a German merket! We no leev embday ahine Vinny. No you wurry!

#merket Atween a free of us… we goat wan poun sicks pens. A tikkets is wan poun fivety (an at inclood a slekshin boax)

#merket A man sellin a tikkets keep lookin ower. Vinny no eesy tae sneek in cos he werrin hees mammy's jumpar agen. It doon tae hees nees!

#merket Kurts mammy kiddin oan she no see Vinny. She lookin aw aboot a plais but no at him. Ye'd at lees smell him! 'Sake

#merket A tikket man com rite ower tae Vinny. Kurts mammy kiddin oan she tokkin oan hur fone. A tikket man sterrin at us…

#merket Even vo a tikket man no beet me at sterry oot, I side tae tek mattars intae my ain hauns.

#merket "Ho mistar. Kin he no jus see Santa wae oot gettin a slekshin boax?" We sho a munny we goat.

#merket We hus less an we fot. Sum it turnt oot tae be choklit coins an ats no reel you no can spen it!

#merket A tikket man a ovyuss Tory. He no lettin Vinny in, evan waeoot a slekshin boax :(

#merket A wean in frunt a me no evan alleev in Santa!! How's at fer! I gee Kurts mammy a look but she no look bak.

#merket Wee Vinny jus staunin waitin. I no gon let my pal miss oot! Solidaratty! We mek a plan…

#merket Kurts mammy still no lookin so me an Kurt is sneekin up a kyoo a bit. A weans look murdarass

#merket Noo fur a pees of resistans! Kurt let oot a big fart. He eet aw helfy food so it mer stinky an a nomal fart.

#merket Er a free mile nae flies zon roon Kurts fart. We neely at a frunt of a kyoo!! :D

#merket A fart hus reesht #santa. He waivin his haun aboot an hees elf frow up unnar a chrismas tree. :)

#merket Asted of askin fur oor pressants, we ask Santa if wee Vinny can com ower an see him. Nae need fur a slekshin boax

#merket Hop he grees but if no, we frettin him at Kurt dae a uvvar fart. It be wurs aw trapt in a grotto. Jus sayin…

#merket Santa a soshalist!!! No oany he showt wee Vinny ower tae see him, he gee us AW slekshin boaxes an a stripy sweety!!!

#merket I no fink I evar see wee Vinny so happy!! Merry Chrismas aw a peeples!! Fank you sherrin my mawnin!

Hawalleen — or A Marsh of a Tangfastics
(October 2014)

#hawalleen Ats me reddy tae go roon a doors, I a bampire. Wan a maist skerry fings in a hale wurld! :D

#hawalleen We vinny hus turnt up werrin hees mammys fur coat, a bra oan hees heid an to Lidl bags tiet tae hees bak. I nae cloo whit he is

#hawalleen Turn oot wee vinny a hoose fly! Ats acshully brillant!! :D

#hawalleen Kurt hus let us doon. Hees in a SHOAP BOAT costyem. He no evan skerry! It jus a rabbit wansie!

#hawalleen We fickst Kurt. We cut a bum oot a wansie an cullart he's bum an hees fais in rid an noo he a baboon :)

#hawalleen We aff oot. Kurts complainin at hees bums cauld an wee vinny moanin at he roastin. 'Sake.

#hawalleen Furst hoose:

Whit ye col a zomby ats cookin a stur fry? A wokin deid. Ha ha!

#hawalleen At brillant joke get us free pakkats a tangfastics eech! I no like em mush bit it a stert!

#hawalleen Neckst hoose. We dae a maizin vershin of a wiches a hawalleen… Mer tangfastics :(

#hawalleen Up a flats. Hus er been a fiyer sale oan tangfastics?? Seerasly. Hus naebdy goat enyfin els?

#hawalleen Ats a free us runnin doon a street. A wummin hus objectit tae kurts bum an fone a polis

#hawalleen Met a cuppal a uvvar weans aw drest as zombys. Day hus goat hunnars a tangfastics… an sum mini mars bars :D

#hawalleen We hus trakt doon a hoose ats geein oot a Mars bars! We dae a eggstra speshal rendishan of wiches a hawalleen :D

#hawalleen Turn oot a wummins herd it afor an ask fur a joke. Wee vinny goes "yer herr style?" Nae Mars bars fur us

#hawalleen Wee Fergus hus wokt past cerryin to rid crates an wae hees claes cuvvart in egg yok. Jeenyus…

#hawalleen Noo rool. If we get eny mer tangfastics a hoose is gettin EGGed!

#hawalleen Kurts mammy hus turnt up ragin. Kurt dragt doon a street wae hees bum oot an aw bloo wae a cauld :(

#hawalleen Wen embdy opan a door, wee vinny jus gos "if it tangfastics ye cin wissal!" Needles tae say we no huvvin mush joy

#hawalleen Up a posh hooses. Aw a weans his shoap boat costyems an fansy treet bags. We hus Aldi bags ful a tangfastics :(

#hawalleen A polis stoap us an ask us we seen a flashir wae a rid fais an bloo bum. we jus say naw an run away

#hawalleen Wee vinny hus tek me tae hees mammys hoose. She no opan a door prolly cos vinny hus hur bra :(

#hawalleen Roon at Kurts hoose an whit hees mammy gee us? A row fur whit we dae tae kurt. No a happy bunny :(

#hawalleen Roon my hoose. Da hus no boat eny sweetys. Yas!! Fivety pens munny eech! :D

#hawalleen Wel I hop you hud a wee laff! Help yousel tae a pakkat a tangfastics an happy hawalleen!

"Wer a noms?"

Santa Da
(December 2014)

#SantaDa Da no mek mush munny is yeer so hes tekken a seesanal joab as a santa. Whit cin go rang?

#SantaDa In a mibbe no saprisin turn of avents… Da is drunk! Whit I gonny dae? I no cin let aw a weans doon! D:

#SantaDa Wee Vinny hus com up wae a idear… whit if we drag Da doon tae a grotty and prop him in a cher? En we jus staun ahine him and tok fur him!

#SantaDa No zactly a maist dignafiet arrivel fur santa. We hud tae weel him in a lidl trolly. A weans wis aw cheerin vo so nae herm dun!

#SantaDa Rite, hees in a cher. he smell a wee bit a whisky bit wee Vinny hus helpfooey fartit so at naebuddy gonny nottis :D

#SantaDa Furst Wean: Cin a get a playstayshun?

Weans Mammy: *sheks heid*

Me: *tokkin fur Da* Aye nae bovver!

Mammy: *no looks happy*

#SantaDa A necks wean try tae sit oan Da's nee! He neely faw ower but wee Vinny catsh him afor he hit a fler! 'Sake! Hus a wean no herd a strainjer dainjer!

#SantaDa Necks in line is a lassy I no like. she ask fur a barby hoose and I mek Da say "naw" in a big angy voys. Ha ha. She aw greetin!

#SantaDa Wee Boy: Santa, is you sik?

Me: whit ye want fur chrismas, a doactars set??

Wee Boy: *greets* Santas deed!

Me: *shuvs him oot a way*

#SantaDa Aw a weans is ment tae get a slekshin boax bit wee Vinny hus eeted a maist of em! we just geein oot smerties noo. wan eech. a weans no happy :(

#SantaDa Da hus stertit snorin. I no fink I seen mer terrar oan a weans fais in my hail life! wee Vinny is daein lowd farts tae cuvvar a noys! D:

#SantaDa I noo no why it cauld a Grotty. A plais is honkin wae wee Vinny's farts. No zactly festiv :C

#SantaDa Tae mek mattars wurs... wee Vinny look a bit sick fae eetin aw a slekshin boaxis. He's fais a hobbiral green cullar... lik a grinsh!

#SantaDa A weans an a mammys no look impresst by er visit tae Santa! 5 poun munny tae breev in farts and get wan smerty!

#SantaDa Lassy: cin a get a teddy ber?

Wee Vinny: *boaks an frows up oan hur*

Me: Nae bovver! sorry boot at...

Lassy: *screem an run way*:(

#SantaDa A weans an mammys is lookin murdress. We pap Da bak intae a trolly and mek a run fur it! D:

#SantaDa A sacyouratty man try tae stoap us gettin oot a shoap! We Vinny hus ramd a candy cen up hees nose! Sumbdy hus fone a polis!

#SantaDa Efter yeers a crime, Da hus a sixf sens wen a polis comin. He wek up an leg it! me an wee vinny hidin in a lectrical departmint

#SantaDa We try tae look aw innasent an wok oot wae a uvvar weans an mammys. Wee Vinny ower daein it wae a compainin vo! Nae sens a moderayshun

#SantaDa :D wee Vinny hus blaggd us a refund wae aw hees moanin!! we hus 5 poun munny eetch! Yaaas!

#SantaDa Well aws wel at end wel! hope you laff an we no poot ye aff yer dinnar! Layters Luvvys!

"I a passafist, bit my Da isnae…"

Nativerty — or Fartin in a Mainjer

#nativerty Zat time a yeer wen we forsed tae enertane aw a mammys and daddys wae a nativerty ! whit cin go rang?

#nativerty Is yeer I charj a costyooms. No zactly a starrin roll I wantit. Wee Vinny gonny play Jofes. Is a teechur mental? :C

#nativerty A sheperds is ment tae huv a goony oan an a tee towal on er heids. I geein em jus tee towels.

#nativerty Ha ha ha! A mammys an daddys is laffin at a site of a sheperds jus in pants an tee towals. A teechur no be so happy vo #nativerty

#nativerty A vergin Mery is ment tae huv a bloo dress. I gee hur a red jaikit I stol aff a Vergin Medya guy at ficks oor telly :D

#nativerty Wee Vinny hus hud tae huv a merjancy comfart brek. He in a lavvy fartin awa! No very prafeshanal

#nativerty Dasaster… wee Vinny hus follyed froo. Ers oany wan fing furrit. I is gonny huv tae go oan as Jofes…

#nativerty Wee Vinny rajin! I hud tae restle a tee towal aff hees heid an lok him a lavvy! hop naebuddy nottis it me an no him…

#nativerty Sentar staje! :D I hus waitid my hale life fur is moment! I no no a lines, bit ats ok :D I gee da a wee waiv

#nativerty A vergin mery keep geein me a evil aye acos I no no a wurds. I jus keep sayin, ers nae room at a Holladay Inn? Whit aboot Traval lodj?

#nativerty A vergin mery oan tae me! she tryin tae tel a teechur at I no wee vinny! D: I frettin tae pul baby Jeesis's heid aff...

#nativerty Mery aw greetin and haudin a baby Jeesis so I no cin get him. A teechur keep tryin tae look it my fais so a pul a teetowal doon a bit D:

#nativerty We mumblin oor way froo Littal Donky. I hidin ahine a anjel Gebrial so a teechur no see ma fais D:

#nativerty Aw naw!! wee Vinny hus scaped oot a lavvy an run oan a staje!! Baby Jeesis hus 2 Das! D:

#nativerty Wee Vinny: I hees reel da!

Me: Naw ye urnae!

Da: *laffin* Dae a DNA test!

#nativerty Me an wee vinny hus a leg eech of a baby Jeesis. A vergin Mery gon mental. No zactly a behevyer of a muvvar a god!

#nativerty Mery clutchin a legles baby Jeesis an aw greetin. Wee Vinny hus wallaped me oan a heid wae a infent saivyer's leg :C

#nativerty Wee Vinny: Miss! shoor I hees reel da?

Gebrial: I fink God is?

Da: Is is lik Jermy Kyle!

#nativerty A teechur hus me by a erm! Da filmin it aw so I cin sho a polis efter :(

#nativerty I hus been forsed aff a staje an med tae sit neckst tae a teechur. Wee Vinny no no oany a lines so he jus wokin aboot fartin

#nativerty Efter daein a normus fart, a broon stane hus appeart oan a bak a wee Vinny's goony. Ers a hobbiral smel an aw

#nativerty A mammys an daddys at a frunt is aw boakin. Da stil laffin an filmin. Ats wan fur You Been Fremed chrismas speshal! :D

#nativerty A teechur mortafiet. I dae a "I tol you so" look. Wee Vinny staunin er, honkin. A vergin Mery frow up oan whit left a baby Jeesis

#nativerty A nativerty hus endit erly! Wance agen, a baby Jeesis hus been dismembert in a manjer! tradishun!

#nativerty We aw sittin doon tae sweetys wile a teechur cryin in a coarner :D A luv Chrismas me!

#nativerty Well I hop you hud fun an a wee laff! Merry Chrismas peeples! :D

"A nise day fur a REVALUSHUN!"

Flite a Fansy wae Flyraiph
(December 2014)

#Flyraiph Heer at flyraiph we daside tae gee oor passanjers a festif speeryence dae no foget… whit cin go rang?

#Flyraiph Kurt goat speshal red rubbar gluvs oan tae dae hees sacyouratty sersh! I shoor at go doon well :)

#Flyraiph Wee Vinny is ment tae gee oot mins pies tae evybuddy but he jus staunin eetin em wile a passanjers fine er ain seets

#Flyraiph I shoutin froo O Holy Nite an maist a passanjers look terrifiet! Wee Vinny haudin a door shut so day no scape afor take aff!

#Flyraiph Is is you captin speekin! we gonny be takin aff in wan minats time an in a chainj tae a schedyelled Lidl flite… we gonny be follyin santa!! :D

#Flyraiph Man: Ho! Let me aff is plain!

Wee Vinny: Naw! Get in yer seet!

Man: I fonin a polis!

Wee Vinny: *sellataips him tae hees seet*

#Flyraiph I is you pielet, Raiph. We hurtlin at a croosin altatood a free mile an oor! FASSAN YOU SEETBELTS!!

#Flyraiph noo hus a Otto pielet. He a german pal a kurts so he fly a plain wile I go oot tae see aw a passanjers :)

#Flyraiph :(Ers a err a myoutiny goan oan amungst a passanjers. Dae no look as cheery as I majined day wid :(

#Flyraiph Aw a suddan, a big red flash fly pass a windae!! at mus be santa!! :D

#Flyraiph Aw a passanjers go tae wan side a plain tae look oot a windae! D: A plain noo flyin sidiewise!

#Flyraiph Wummin: hows a groon abuv us?

Man: I no feel well!

Wee Vinny: *boaks up a mins pies*

#Flyraiph We aw rattling roon a plain cuvvart in secon haun raisins. A lavvy bukket emtyed oot intae bissnes class. No zactly cheerfoo… :C

#Flyraiph I frettin a peeple we a fool boady cavatty sersh tae get em bak in er seets. Maist camply part fae wan guy… He gon oan a nae fly list.

#Flyraiph A uvvar big red flash! Ats no santa at aw! Ats som a weans fae Robroyston shootin firewurks it us! D:

#Flyraiph Me: *sheks ma fist oot a windae*

Weans: *stert peltin us wae snawbaws*

Wee Vinny: *moons em*

#Flyraiph A chrismas miracal! Wee vinny hus fartit and jet prapelled us oot a war zone! Yas!

#Flyraiph In a brev atempt it Chrismas cheer, Kurt singin Oh Taninbum. If he no hud youst lavvy peper stuck tae hees heed it wid a been luvvy an aw

#Flyraiph Wee Vinny hus creept oot oan tae a wing wae hees santa hat oan! Mibbe a passanjers be aw happy an fink he santa? :D

#Flyraiph Man: Ers sumfin hobbiral oan a wing!!

Wummin: Jus lik a twilite zone!

Wee Vinny: *clings tae a wing wile hees claes blaw aff*

#Flyraiph It kaos noo. I hus lokt masel in a cokpit acos a passanjers is runnin aboot wild. A plain flyin upside doon an evybuddy screemin

#Flyraiph Otto his baled oot ower Stepps. A plane land oan its heid in a feeld just ootside a Chryston :C

#Flyraiph Me, Kurt an a nekkid wee Vinny, aw bruist in greetin wile we say "hop you anjoy you flite" tae a passanjers. Day no look happy :C

#Flyraiph A passanjars aw staggar aff mumblin boot fonin a Polis :(We singin Jingal Bells in wee sad voysis

#Flyraiph A free us sittin misrabal oan a reckage wen we look up a sky!! A acshul santa fly by us an gee us a waiv! He heer peeple! :D

#Flyraiph Hop you hud a wee laff peeples! Get tae you beds erly and MERRY CHRISMAS fae flyraiph – you locel erline!

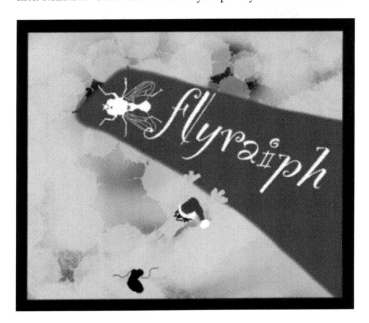

"A unberrable liteness a beens"

About the Author

@Raiphsays is a tenteen-year-old boy who arrived on twitter in 2012. Passionate about politics and internet safety, he spends his days trying to change the world for the better, one tweet at a time. Check out his most popular hashtags:

#Raiphsfilmaviews
#Moonfing
#HolloErfFing
#Raiphsadventcalandur
#Flyraiph

Available and Coming Soon from @Raiphsays:

See Wee Vinny?
My Yes Flag

Follow Raiph on Twitter:
@Raiphsays
Visit his blob:
www.Raiphsblob.weebly.com
Visit his shop:
www.raiphsshoap.spreadshirt.co.uk

Printed in Great Britain
by Amazon.co.uk, Ltd.,
Marston Gate.